Vivaio Lavanda
in fiore
Hotel della Siepe
HOTEL
Castello Seta
di Mais
Scuola di danza
del Lago Lavanda
Negozio di musica
L'usignolo
Fiume del
Cigno
Cottage Pappa reale
Casa di Honey e
della nonna
Veterinario
Sartoria Il Ditale
Alimentari
Boutique
Primavera
Negozio di
alimentari della
zia Marigold

CREALIBRI è un marchio EDICART Style
Via Jucker, 28 - Legnano (MI) - Italia
Titolo originale: Please, please save the bees!
Illustrazioni di Jennie Poh
Traduzione dall'inglese di Chiara Cozzolino

www.edicart.it

I libri di Principessa Poppy

SALVIAMO LE API!

JANEY LOUISE JONES
CON
JENNIE POH

CREALIBRI

"Nonno!" esclamò la principessa Poppy. "Possiamo raccogliere le fragole? Vogliamo farci il gelato per la festa d'estate".

"Certo!" rispose il nonno. "Fate pure, bambine. Sappiate però che quest'anno le mie fragole non sono tanto buone".
"È vero" disse Honey, assaggiandone una. "Sono un po' piccole e non tanto dolci. Come mai?".

"Credo sia perché di questi tempi ci sono pochi bombi" replicò il nonno.

"Perché ce ne sono pochi, nonno?"

Ma al nonno suonò il telefono e si mise a chiacchierare, così le due amiche continuarono a raccogliere le fragole.

Nella testa, però,
avevano mille domande...

"Ti va un po' di miele sul pane tostato, Poppy?" chiese la mamma la mattina seguente, a colazione.

"Sì, grazie!" rispose Poppy. "Il miele è **DELIZIOSO!**".

"Siamo fortunati ad averlo" disse la mamma. "Di questi tempi le api spariscono, proprio come i bombi".

"Perché le api spariscono?" chiese Poppy.

La mamma, però, fu distratta dai gemelli. “Angel, non mettere il porridge in testa ad Archie!”.

Il fratellino e la sorellina di Poppy davano un bel da fare alla mamma, che non riuscì a rispondere alla domanda di Poppy.

“Perché le api spariscono?” si chiedeva la bambina tra sé.
“Che differenza c’è tra api e bombi?”

Finita la colazione, Poppy inforcò la bici per andare a trovare il suo pony, Fulmine. Sul tragitto incontrò la nonna, che chiacchierava con Lilly Anne Peach, la proprietaria del salone di bellezza *L'alveare*.

"Bisogna fare qualcosa per salvare le api" disse la nonna davanti alla vetrina della sala da tè Dolcemiele. "Una volta ce n'erano tantissime! Dove sono finite? Senza miele non posso fare le mie deliziose ciambelle!".

"Io invece ho bisogno di un cucchiaio di miele al giorno per mantenermi bella!" rispose Lilly Anne Peach.

Sembravano confuse tanto quanto Poppy.
"Perché dobbiamo salvarle? Da cosa?"
pensò Poppy. *"Dove sono andate?"*

Vicino alla stalla, la principessa Poppy si imbatté nel contadino Zappacampo. “Ciao, Poppy!” disse. “Ciao! Sai che non vedo l’ora della festa d’estate?”.

“Anche io” rispose. “Spero solo di avere pomodori a sufficienza per la salsa speciale di mia moglie”. “Lo spero anche io, è così saporita! La metto dappertutto!” disse Poppy. “È vero, ma se non tornano i bombi il raccolto sarà molto scarso, quest’anno”.

Detto questo, il contadino Zappacampo si rimise al lavoro.

“Dove sono i bombi?
È proprio un mistero” pensò Poppy.

Mentre strigliava Fulmine, continuò
a pensare ai bombi e alle api.

“Dove sono finite le api?”
disse la principessa Poppy.

“Si sono perse?”

“Si sono nascoste? Sono malate?”

“Sono state imprigionate?
Hanno fame? Sono tristi?
Sarebbe terribile!”

“Dobbiamo scoprire cos’è successo alle api!” esclamò Poppy.
“In fretta!”. Fulmine annuì e fece un nitrito.

Qualche ora dopo, Poppy e Honey giravano per il vivaio Lavanda in fiore alla ricerca di un annaffiatoio per il nonno. Non si erano certo dimenticate del mistero delle api.

“I grandi continuano a parlare delle api, ma non rispondono alle mie domande!” si lamentò Poppy. “Hai ragione. Dobbiamo trovare qualcuno che abbia il tempo di spiegarci tutto” rispose Honey. Poppy non poteva essere più d’accordo.

Al vivaio lavorava Sally Zappacampo e le bambine decisero di rivolgere a lei tutte le loro domande.

Sally era contenta di aiutarle. “Forza, bambine” disse la figlia del contadino. “Vi porto a vedere le api”.

“Evviva!” gridarono Poppy e Honey. “Sarà divertente”.

Camminarono fino ad arrivare in un campo circondato da fiori selvatici coloratissimi.

“Vedete le api?” disse Sally. “I bombi, quelli grossi e pelosi, raccolgono il polline e lo spargono sulle coltivazioni per fare crescere frutta e verdura”.
“Wow” esclamò Honey osservando i bombi indaffarati.

Proseguirono lungo il sentiero di una fattoria, fiancheggiato da una folta siepe punteggiata qua e là da campanule e rose rampicanti

“Vedete questi insetti più piccoli?” continuò Sally. “Sono le api da miele, che succhiano il nettare dai fiori e lo portano all’alveare per fare il miele”.

“Le api e i bombi sono diversi, quindi?” chiese Poppy. “Sì. Appartengono alla stessa famiglia, ma fanno lavori differenti” rispose Sally.

"Perché le api sono di meno?" chiese Honey mentre attraversavano un campo di fragole.

"A volte le api si ammalano o le loro ali non funzionano bene" rispose Sally.

"Oh, no. È terribile!" disse Poppy.

“Hai ragione. Purtroppo sulle coltivazioni di frutta e verdura vengono spruzzate sostanze chimiche dannose per le api” spiegò Sally.
“È sconvolgente” disse Honey. “Lo fa anche tuo papà?”.

“Lo faceva in passato” ammise Sally. “Adesso però ha imparato che i metodi antichi sono più gentili con la natura”. “Per finire” continuò Sally “ci sono sempre meno fiori, sia in campagna che nei giardini. Le api hanno bisogno dei fiori per spargere il polline sulle coltivazioni di frutta e verdura”.

“Quindi le api hanno bisogno di più fiori?” chiese Poppy.

“Esatto” rispose Sally. “Sarebbe d’aiuto se tutti piantassimo fiori di campo. Senza le api, la maggior parte della frutta e della verdura che mangiamo non esisterebbe!”.
“Io non potrei vivere senza frutta e verdura!” gridò Poppy.
“Nemmeno io” concordò Honey. “La faccenda è grave!”.

Tornata a casa, Poppy decise di far sapere a tutti che per salvare le api bisognava piantare più fiori.

“*Come posso far arrivare la notizia a tutta Mielandia?*”si domandò. Pensò che avrebbe potuto stampare dei poster. “*Sarebbe uno spreco di carta*”. Forse avrebbe potuto scrivere un’e-mail a tutti. “*Non ho tutti gli indirizzi, però*”. O magari avrebbe potuto organizzare un incontro al municipio. “*Potrebbe non venire nessuno*”.

"Devo fare qualcosa che SUSCITI l'attenzione di TUTTI!" decise.

"Mi è venuta un'idea!" gridò Poppy, gli occhi che brillavano. "Organizzerò una marcia durante la festa d'estate. Ci travestiremo da api e sventoleremo cartelli con scritto 'PER FAVORE, SALVIAMO LE API!' E 'PIANTIAMO FIORI PER LE API!'"

Chiamò subito Honey per spiegarle la sua idea geniale.

"Urrà! Ho sempre desiderato un costume da ape!" disse Honey.

Poppy non vedeva l'ora di dirlo al nonno.

"È un'idea magnifica" disse il nonno. "Sono orgoglioso di te! Ti sei sempre data da fare, proprio come un'ape!". La principessa Poppy non riusciva a smettere di sorridere.

Mentre si precipitava nella sua camera per preparare il costume, il nonno la chiamò. "Non scordarti la **danza delle api!"** le disse.

"Cos'è la danze delle api?" chiese, e si fermò ad ascoltare interessata la spiegazione del nonno.

Il giorno della festa d'estate arrivò. Era caldo e soleggiato e l'aria profumava di rose, lillà e fragole. Tutti i compagni di scuola di Poppy erano travestiti da api.

Marciavano tutti sventolando cartelli che incoraggiavano a proteggere le api.

I presenti scattavano fotografie e facevano un sacco di domande, a cui il nonno rispondeva con piacere. Sally Zappacampo regalava le sementi e incoraggiava le persone a piantarle.

Dopo la marcia, la banda cominciò a suonare.

“Forza, è ora della danza delle api!”disse Poppy.
“Un passo indietro, uno a sinistra,
salta di qua e annusa i fiori di lillà!”
cantò Poppy di tutto cuore.

Danzarono tutti come fanno le api quando tornano all'alveare e mostrano alle compagne dove sono i fiori più ricchi di nettare.

La festa d'estate fu molto divertente e la marcia per le api ebbe un gran successo!

Dopo la danza, il nonno diede a Poppy e Honey il gelato alle fragole.

"Le api sono intelligentissime!" disse la principessa Poppy con un gran sorriso stampato in faccia.

"Hai proprio ragione" rispose il nonno.

"Sono proprio delle s-api-entone!"

LA LEZIONE DEL NONNO

Le api sono molto importanti per vari motivi:

SENZA IL LORO aiuto, un terzo del cibo che mangiamo non esisterebbe!

LE API impollinano i fiori di tante piante che poi diventano foraggio per gli animali da allevamento..

LE API fanno il miele, una vera delizia!

IL MIELE viene utilizzato anche in medicina o per fare le candele, per esempio.

AL MONDO esistono circa 25.000 specie diverse di api.

COSA PUOI FARE PER PROTEGGERE LE API?

PIANTARE FIORI DI CAMPO

Pianta qualche fiore di campo: darà colore al giardino e le api potranno nutrirsene. Anche una fioriera sul davanzale va benissimo!

OFFRIRE UN RIPARO DALLA PIOGGIA

Scegli un pezzetto di prato dove lasciare che l'erba diventi alta: aiuterà le api a ripararsi dalla pioggia.

LASCIARE ACQUA A DISPOSIZIONE

Lascia un po' d'acqua a disposizione delle api. Puoi metterla in un piattino con qualche ciottolo per aiutarle a uscire.

NON USARE PESTICIDI

Non spruzzare sostanze chimiche sulle piante: possono fare male alle api!

DIVERTIAMOCI INSIEME! SFOGLIA IL LIBRO E AIUTAMI A TROVARE QUESTI ANIMALI.

Questi 4 animali si trovano nell'orto del nonno.

Coccinella

Riccio
(forse sta dormendo!)

Farfalla blu

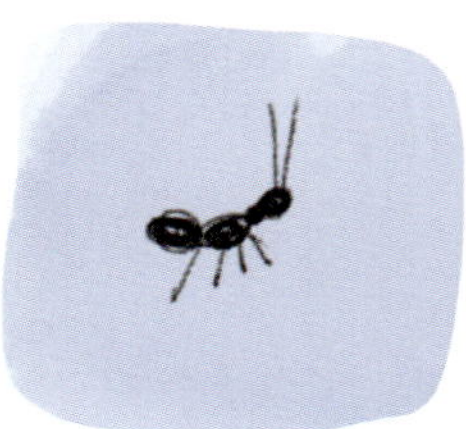
Formica

Questi 4 animali si trovano nel campo.

Topolino delle risaie

Cavalletta

Pavoncella

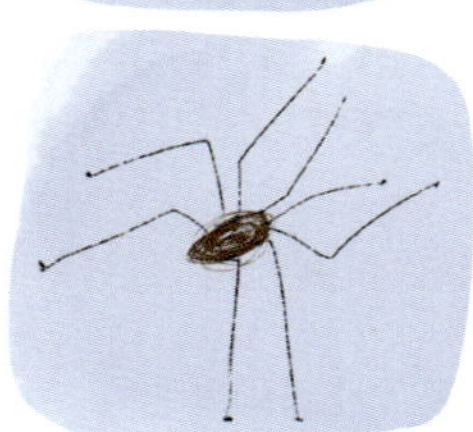
Zanzarone

Questi 4 animali si trovano nella siepe.

Passero

Tasso

Cimice

Arvicola

Fattoria Chicco d'Orzo
Lago Lavanda
Cottage Caprifoglio
Casa di Poppy
Stalle Paglia
& Fieno
Cottage
Nontiscordardimé
Casa del nonno
Sala da tè
Dolcemiele
Salone di
bellezza
L'alveare
Panificio Briciola
TELEPHONE
Scuola Bocciolo
di Rosa
Angolo del
Natale
Bosco Verdefoglia